AF411026

MÉMOIRE

DU SIEUR KORNMANN,

EN RÉPONSE AU MÉMOIRE

DU SIEUR DE BEAUMARCHAIS.

CE MÉMOIRE a été rédigé à la hâte. Le sieur de Beaumarchais ayant annoncé qu'il avoit déposé au Greffe les Lettres dont il cite des fragmens dans le sien, le sieur Kornmann avoit pensé que ce dépôt n'avoit été fait qu'afin qu'il pût en prendre communication.

Il s'est, en conséquence, présenté au Greffe pour demander cette communication ; on lui a répondu qu'elle ne pouvoit lui être accordée que sur les Conclusions de M. le Procureur du Roi, & en vertu d'une Ordonnance de M. le Lieutenant-Criminel.

Il a donc adressé une Requête à M. le Lieutenant-Criminel ; quelques jours après, il est retourné au Greffe, afin d'avoir des nouvelles de sa Requête, & il lui a été dit que sa Demande souffroit de grandes difficultés, & qu'il n'y avoit encore aucune Ordonnance de rendue.

Impatient de détruire le nouveau système de calomnies du sieur de Beaumarchais, le sieur Kornmann a fini par faire une sommation au Greffe, à l'effet de se procurer au moins la lecture des pièces dont le sieur de Beaumarchais s'est prévalu contre lui. Alors on lui a déclaré que, sur les Conclusions de M. le Procureur du Roi, il avoit été rendu par M. le Lieutenant-Criminel, une Ordonnance portant que sa Requête seroit jointe à la procédure très-inutile, très-récriminatoire que le sieur de Beaumarchais a imaginée pour parvenir à découvrir les auteurs & les distributeurs de mon premier Mémoire, & qu'il y seroit fait droit en même temps qu'il seroit fait droit sur cette procédure.

Plus d'une semaine s'est écoulée avant que le sieur Kornmann ait eu connoissance des Conclusions de M. le Procureur du Roi, & de l'Ordonnance de M. le Lieutenant-Criminel. Enfin une telle Ordonnance rejettant la justification du sieur Kornmann à une époque très-indéterminée, &, sous ce point de vue, équivalant à un refus positif, il a fallu se passer de la communication des Lettres, & se contenter d'écrire sur les lambeaux de ces Lettres rapportées par le sieur de Beaumarchais. Le présent Mémoire a été imprimé à mesure qu'il a été composé, afin de ne pas perdre de temps, & de détruire, le plus promptement possible, l'espèce de défaveur qu'a peut-être répandu, sur la cause du sieur Kornmann, l'interprétation calomnieuse & forcée que le sieur de Beaumarchais a donnée de la correspondance de son Adversaire.

MÉMOIRE

DU SIEUR KORNMANN,

EN RÉPONSE AU MÉMOIRE

DU SIEUR DE BEAUMARCHAIS.

Ma Réponse au *Mémoire* du sieur de Beaumarchais ne sera pas bien difficile. Il appuie tout son système de Défense sur quelques lambeaux de Lettres que j'ai écrites, il y a environ sept ans, au sieur Daudet ; &, pour tirer de ces lambeaux le parti le plus avantageux à sa Cause, il intervertit l'ordre de leurs dates. Au moyen de cet artifice, mes actions & mes démarches les plus innocentes deviennent des actions & des démarches criminelles ; j'ai l'air d'avoir été le premier auteur des désordres de mon épouse, & tous les maux dont je me plains sont mon ouvrage.

Ce nouvel édifice de calomnie va s'écrouler sans beaucoup d'éfort ; je me contenterai, en rétablissant ici mes Lettres dans leur ordre naturel, de les rapprocher des circonstances où elles ont été écrites ; &, par cette opération bien simple,

A 2

je diffiperai, je l'efpère, fans retour, l'illufion momentanée que le fieur de Beaumarchais a produite.

Mais, avant que de me livrer à ce travail, j'ai befoin de faire quelques obfervations que je crois importantes.

Je fuppofe que ma conduite, envers mon époufe, ait été auffi répréhenfible qu'on veut le faire entendre ; le fieur de Beaumarchais a-t-il raifon de s'en prévaloir pour fe juftifier de tous les délits que je lui impute ?

Quelques puffent être mes torts avec la dame Kornmann, je le demande, quel étoit fon titre pour s'interpofer entre l'Autorité & moi, & la fouftraire foit à l'infpection de fa famille, foit à ma propre infpection ? Les Parents de la dame Kornmann, affemblés, l'avoient-ils chargé de fa défenfe ? Au nom de qui parloit-il ? & la miffion qui lui étoit donnée chez le Prince de Naffau, fuffifoit-elle pour le déterminer à jouer le rôle odieux que je lui reproche aujourd'hui.

Je vais plus loin. Si le fieur de Beaumarchais avoit un titre pour jouer ce rôle, a-t-il véritablement fait ce qu'il devoit faire ? S'eft-il occupé de rapprocher la mère des enfans, l'époux de l'époufe ? J'ai un frère, des parens ; j'avois des amis ; elle a des frères d'un âge mur, des oncles, un beau-père ; a-t-il inftruit de fes démarches ces différentes perfonnes ? S'eft-il empreffé de les réunir pour concourir avec lui dans le projet de mettre fin à tous les fujets de difcorde qui exiftoient entre la dame Kornmann & moi. Non. Le Gouvernement avoit jugé à propos de s'affurer de la dame Kornmann, & il brife fes liens ; &, après les avoir rompus, il la livre à fon Séducteur ? Et quel étoit ce Séducteur ? Un homme certes, qu'il connoiffoit bien, avec lequel il avoit des relations habituelles de plaifir & d'affaires ; le plus intrigant, le plus dangereux, le plus diffamé de tous les hommes ? le fieur Daudet. Et non - feulement il la livre à fon Séducteur, mais il la jette dans la Société de Paris la plus dépravée ! dans la fienne. Et, l'abandonnant à fon inexpérience, il s'inquiette peu des imprudences, des fautes, des crimes même qu'elle peut commettre. Voilà ce qu'a fait le sieur de Beaumarch.... En agissant ainsi, a-t-il voulu sincèrement le bonheur de la dame Kornmann? S'est-il sérieusement occupé de lui assurer une destinée douce & tranquille? A-t-il sur-tout songé à l'environner de la considération qu'elle avoit déja perdue & que depuis elle n'a que trop mérité de perdre.

Ah! si, entraîné par sa sensibilité, le sieur de Beaumarchais échappant à toutes les formes, négligeant toutes les pré-cautions, n'avoit volé au secours de la dame Kornmann captive & malheureuse, que pour rappeller à elle-même une femme égarée, que pour l'engager par la considération du service qu'il lui rendoit, à mener une vie plus décente & plus régulière, sans doute, aux yeux de la Loi, le sieur de Beaumarchais seroit coupable, car enfin il auroit tou-jours agi sans l'aveu des personnes auxquelles la dame Korn-mann appartient; & cependant tant de motifs se réuniroient pour faire excuser son imprudence, que moi-même peut-être je n'oserois lui en faire un crime aujourd'hui? Mais ne soustraire une femme à l'autorité du Gouvernement & de sa famille, que pour la prostituer avec scandale à l'homme qui l'a séduite; mais la protéger avec éclat dans ses désor-dres; mais corrompre l'ame d'une mère, en écarter le re-mords, y étouffer le sentiment de toutes les vertus, y dé-velopper, comme dans un foyer impur, le germe de tous les vices, oh je le demande! Sont-ce donc là des actions bien recommandables; &, quand je serois le plus coupable de tous les époux, la conduite du sieur de Beaumarchais ne seroit-elle pas encore bien criminelle?

Ce n'est pas tout. Avant que d'en venir aux lettres citées par le sieur de Beaumarchais, je trouve que j'ai encore une chose indispensable à faire; je remarque dans son Mémoire deux ou trois faits, dont il m'importe de démontrer la fausseté.

D'abord, le sieur de Baumarchais s'efforce de faire re-garder la maison des dames Douai, dans laquelle la dame Kornmann a été détenue, par ordre du Gouvernement,

comme une maiſon de force , deſtinée aux folles & aux
proſtituées. Je crois qu'il en impoſe ; mais , ſi contre mon
opinion, il ne ſe trompoit pas , le crime d'avoir fait dé-
tenir la dame Kornmann , dans une pareille maiſon , ſeroit-
il mon crime ? J'avois demandé à M. Amelot, pour la
dame Kornmann , une maiſon décente. M. Amelot m'avoit
déclaré que M. Le Noir indiqueroit cette maiſon décente. Si M. Le Noir ne l'a pas fait , ce ſeroit une faute de
plus que j'aurois à lui imputer , & la négligence ou la
prévarication d'un autre , ne ſçauroit ici me rendre coupable.

En ſecond lieu , le ſieur de Beaumarchais repréſente la
dame Kornmann, chez les dames Douai , comme abſolument dénuée des choſes les plus néceſſaires à ſon entretien ;
j'affirme le contraire , & pluſieurs témoins dépoſent qu'elle
y étoit traitée avec autant d'attention que dans ſa propre
maiſon , & que je n'ai rien négligé pour qu'à la liberté
près , elle y fut ſervie avec les mêmes ſoins & les mêmes
égards qu'elle l'étoit chez moi (1).

En troiſiéme lieu , le ſieur de Beaumarchais laiſſe entre-
voir dans ſon Mémoire , & dit poſitivement dans ſon
premier Ecrit , que je me ſuis conduit , envers la dame
Kornmann , avec tant d'avarice & de férocité , que s'il
n'étoit venu à ſon ſecours , elle ſeroit vraiſemblablement
morte de miſère. J'ai payé à la dame Kornmann juſqu'à
ce jour , une penſion annuelle de deux mille écus (2) , &
toujours elle a touché les quartiers de cette penſion d'a-
vance. C'étoit faire aſſez , je crois, pour une femme étroi-
tement liée avec mes oppreſſeurs , & qui ne rougiſſoit pas
de concourir avec eux , dans le projet qu'ils avoient formé
de conſommer ma ruine , & celle de ſes propres enfans.
J'avoue , & je ſuis faché d'être obligé de faire cet aveu ,

____

(1) On peut conſulter , ſur ce point , la Dépoſition de la dame Douai. Il
paroît que la dame Kornmann étoit ſi contente des égards qu'on avoit eus pour
elle chez la dame Douai , qu'après en être ſortie , elle a demandé à y rentrer à titre
de Penſionnaire.

(2) Je payois , en outre , au beau-père de la dame Kornmann 2000 livres de
Penſion.

j'avoue que le sieur de Baumarchais (1), dans le cours des six années qui viennent de s'écouler, a fait à la dame Kornmann des prêts d'argent, qui se montent actuellement à une somme assez considérable ; mais il résulte aujourd'hui, de la déposition de plusieurs témoins, qu'on avoit engagé la dame Kornmann à se loger à la Chaussée-d'Antin, dans un appartement beaucoup trop somptueux pour sa position ; qu'elle y recevoit fréquemment le sieur de Beaumarchais ; qu'elle y donnoit à souper deux fois par semaine, aux sieur & dame de Beaumarchais, au sieur Daudet, &c. &c. &c. &c. Or, de ce que le sieur de Beaumarchais constituoit la dame Kornmann en des dépenses extraordinaires, de ce que je ne fournissois pas à ces dépenses, faut-il en conclure que je la laissois dans le besoin, & trouveroit-on sage aujourd'hui que j'eusse augmenté sa pension, afin de la favoriser dans des écarts qu'il étoit de mon honneur & de mon intérêt de réprimer.

Enfin & en quatrième lieu (l'imposture est ici remarquable) le sieur de Beaumarchais atteste, sur son honneur, qu'il n'a connu la dame Kornmann, qu'à l'époque où il est venu l'enlever de la maison des dames Douay, & dela il s'efforce de persuader, que c'est la seule pitié, & l'émotion vive dont il fut saisi, au récit accablant des infortunes de la dame Kornmann, qui le déterminèrent, comme involontairement, à mettre tout en œuvre pour procurer sa liberté. Eh bien ce fait important, est essentiellement faux. Le sieur de Beaumarchais voyoit fréquemment la dame Kornmann avant sa détention ; je sais même qu'il y a des témoins nouvellement entendus, qui déposent que le sieur de Beaumarchais, toujours avant la détention de la dame Kornmann, est venu la chercher, une fois, dans mon domicile, rue Carême-prenant, à deux heures du matin, & qu'il l'a conduite de-la, dans sa voiture, à la Nouvelle-France, dans une maison où le sieur Daudet les attendoit. D'ailleurs tout le monde sait que le sieur de Beaumarchais & le sieur Daudet, vivoient habituellement chez le Prince

____

(1) Ceci est prouvé par la Déposition du sieur de Beaumarchais, & par les aveux que la dame Kornmann, elle-même, a fait à mon Conseil.

de Naſſau , & beaucoup de gens ſavent encore , que la dame Kornmann y étoit fréquemment admiſe. Or , comment après de tels faits , le ſieur de Beaumarchais oſe-t'il dire qu'il ne connoiſſoit pas , même de vue , la dame Kornmann, juſqu'à l'inſtant de ſa délivrance , & quelle opinion faut-il ſe former de ſa bonne-foi ?

Examinons maintenant ces fameuſes Lettres que le ſieur de Beaumarchais a commentées avec une adreſſe ſi perfide.

Ces Lettres ſont au nombre de *quatorze*; je ne puis faire connoître le ſens dans lequel elles ont été écrites , & détruire les conſéquences qu'on a tirées de la fauſſe interprétation qu'on en a faite, ſans entrer dans des détails , qu'il eût été prudent de m'épargner.

Je m'étois impoſé la loi de garder un ſilence rigoureux, ſur tout autre égarement de la dame Kornmann, que celui qui eſt devenu la cauſe de tous mes malheurs; mais l'art avec lequel on abuſe aujourd'hui, de la manière indulgente dont j'ai parlé d'elle , me réduit à la néceſſité de revéler une faute que je m'étois fait un devoir d'enſevelir dans l'oubli , parce que je l'avois pardonnée.

Le hazard avoit procuré à la dame Kornmann, dans un voyage que j'ai fait avec elle aux eaux de Spa , la connoiſſance d'un jeune Hollandois qui avoit paru l'intéreſſer aſſez pour m'inſpirer quelques allarmes; cherchant à interrompre le cours de cette paſſion naiſſante , j'expoſai dans les premiers momens à la dame Kornmann, avec tous les ménagemens de l'amitié , les conſéquences fâcheuſes qui pouvo'ent en réſulter pour elle. Elle parut touchée de mes obſervations, & des larmes de repentir me perſuadèrent bientôt, que cette première erreur ne ſeroit que paſſagère. De retour à Paris, je crus, pendant quelque temps, que la dame Kornmann avoit en effet abſolument oublié le jeune Etranger, lorſque j'appris qu'il étoit dans la Capitale, & que livré au libertinage le plus affreux, & abymé de dettes, il avoit cherché ; & qu'il avoit malheureufement réuffi à renouer avec elle, une correfpondance qu'il comptoit mettre à profit, pour fe tirer de la pofition difficile où il fe trouvoit. J'eus avec la dame Kornmann une explication nouvelle ; mais celle-ci fut moins tranquille que la précédente. La dame Kornmann eft née avec une fenfibilité qu'il eft facile d'irriter, & fes moindres affections, comme je crois l'avoir fait connoître, ont une véhémence impétueufe. Soit que le jeune-homme eût déja fait fur elle une impreffion profonde, foit fimplement qu'elle fût fâchée, que je furveillaffe avec trop d'attention fes démarches, elle devint furieufe ; elle éclata en propos outrageans, & menaca de fe livrer aux partis les plus extrêmes, de quitter fa maifon, par exemple, & d'abandonner fes enfans, fi j'entreprennois déformais, en quelque circonftance que ce fut, de gêner fa liberté. Malheureufement le fieur Daudet fut témoin de fes emportements ; &, malgré moi, il devint le confident néceffaire de mon chagrin.

J'avois prévenu, comme je l'ai dit dans mon Mémoire, la dame Kornmann, quelques jours après que le fieur Daudet m'eut été préfenté, de fe tenir fur fes gardes avec lui ; dans la circonftance dont je parle, le fieur Daudet avoit paru prendre mon parti avec beaucoup de zèle. Il avoit blâmé fans ménagement, l'extravagance de la conduite de la dame Kornmann, fes confeils avoient été ceux d'un homme fage, & j'avois cru remarquer qu'ils avoient fait une grande impreffion fur l'efprit de mon époufe.

J'ai déja dit que j'aimois fincèrement la dame Kornmann ; quoique l'imprudence qu'on me force de révéler ici, n'eut point eu de fuite, elle m'avoit appris qu'un moment pouvoir arriver où je cefferois d'être le premier objet de fon attachement ; j'en avois conçu un chagrin violent, qui avoit confidérablement altéré ma fanté ; & voulant, au moins me conferver pour mes enfans, je me décidai à faire un nouveau voyage à Spa, dans le deffein de la rétablir.

Prêt à partir, j'eus, comme on l'a vu dans mon Mémoire, une longue converfation avec la dame Kornmann. Dans

cette converſation, je la conjurai de ne plus ſe compromettre par de nouvelles imprudences ; je lui dis que ſa
première faute étoit oubliée, & je lui donnai ma parole de
n'en parler jamais. J'ajoutai que ſi j'étois content des con-
ſeils que le ſieur Daudet lui avoit donné, relativement au
jeune Etranger, cependant je ne verrois pas avec plaiſir,
qu'il s'emparât de ſa confiance ; que je l'avois déja inſtruite,
de l'opinion qu'il convenoit d'avoir du ſieur Daudet, que
dans ce moment, je ne penſois pas qu'il fût parvenu à lui
plaire, parce que ſon inclination pour le jeune Etranger,
venoit de ſe développer avec trop d'éclat, & qu'il me pa-
roiſſoit impoſſible qu'une femme un peu délicate, pût
nourrir à la fois, deux paſſions dans ſon cœur ; mais que je
redoutois l'avenir ; que je ſçavois que le ſieur Daudet avoit
fréquemment beſoin d'argent ; que vraiſemblablement il fini-
roit par recourir à elle pour s'en procurer, & que de là il étoit
à craindre qu'il ne réſultât entre eux une liaiſon trop intime, & qui pourroit avoir pour ſon repos, les ſuites les plus
funeſtes.

La dame Kornmann me proteſta, comme elle l'avoit
fait au commencement de mes relations avec le ſieur Daudet,
qu'elle n'avoit pour lui aucune inclination ; que ſi j'avois
eſ ſur ce point quelques ſoupçons, ils n'étoient pas fondés ;
que quant au jeune Etranger, elle n'avoit été qu'imprudente & non pas coupable, & qu'il n'en ſeroit plus queſtion
déſormais entre nous. Elle ajouta qu'elle feroit la plus ſé-
rieuſe attention aux avis que je venois de lui donner & moi
je partis à peu-près tranquille.

Arrivé à Spa, redoutant la vivacité du caractère de la
dame Kornmann, craignant encore qu'elle ne revînt à ſa
première inclination, & la néceſſité de mes affaires me mettant dans le cas de correſpondre avec le ſieur Daudet, je
crus, en écrivant à celui-ci devoir l'inviter, à s'unir à moi,
pour empêcher une *ſotiſe majeure*, c'eſt-à-dire pour empêcher, comme on vient de le voir, une mère d'abandonner avec éclat ſes enfans. On dira que j'aurois
pu mieux faire. Je penſe autrement ; ne connoiſſant pas

encore parfaitement le fieur Daudet, & ne voulant pas multiplier les confidens fur une première erreur dont je cherchois à
effacer toutes les traces, & que d'ailleurs j'avois promis d'ou-
blier, il me parut que je me conduifois en homme honnête,
en m'adreffant pour empêcher les fuites de cette erreur,
à celui qui feul avoit été témoin de toutes les diffenfions
domeftiques, dont elle étoit devenue l'occafion.

Dans ma première Lettre & dans toutes les autres, à
l'exception de la dernière, je donne au fieur Daudet le nom
d'*ami*, parce que dans les fiennes il m'appelloit ainfi ; de plus
il avoit la confiance du Gouvernement, pour beaucoup
d'affaires où je m'étois engagé, & dont je m'occuppois à la
prière de M. le Comte de Maurepas & de M. le Prince
de Montbarrey. Il étoit encore Syndic de Strafbourg, j'en
étois Magiftrat, & en cette qualité j'avois des relations
habituelles avec ces deux Miniftres. Or, je ne pouvois lui
écrire dans un ftyle différent de celui qu'il employoit, fans
nuire infiniment, aux intérêts dont j'étois chargé. Concevez
deux hommes traitant enfemble les mêmes affaires, penfez-vous que ces affaires puiffent fe terminer avec fuccès, fi
tandis que l'un écrit à l'autre dans les termes de l'amitié,
celui-ci ne répond que d'une manière féche & repouffante.

On peut lire actuellement les fept premières Lettres,
ou plutôt les lambeaux des fept premières Lettres de la
correfpondance citée par le fieur de Beaumarchais.

Iere LETTRE *au fieur* DAUDET.

Spa, 11 Juillet 1780.

Je croirois manquer à l'amitié
que vous m'avez toujours témoi-
gnée, mon cher Syndic Royal, fi
je ne vous donnois des nouvelles
de mon arrivée au lieu de ma de-
ftination. J'ai fait le plus de dili-
gence poffible pour me rendre
en Alface; ma foi, il étoit temps
que je m'en aille de la rue de

Carême-Prenant (1). ⁛ ⁛ .
.. . .
. . . .
& comme elle n'a pas d'expérience pour fe conduire, empêchez-la, mon cher, de faire quelque fottife majeure, & tâchez de la faire fortir de la dépendance des Domeftiques, en lui perfuadant qu'on paye leurs complaifances paffagères bien cher, dont cette efpéce de gens fçait toujours tirer parti. Je vous envoye une *petite Lettre pour ma femme* (2), que je vous ferai obligé de lui remettre.....; Adieu mon cher.....; vous aurez de mes nouvelles avant votre départ pour l'Alface. *Je vous embraffe, & fuis avec les fentimens du plus inviolable attachement* (3) *tout à vous. Signé*, G. KORNMANN.

(1) Pourquoi cette lacune, & en général pourquoi toutes les lacunes qui fe trouvent dans ces lettres.

(2) Le fieur de Beaumarchais connoit l'art des foulignemens perfides. Il a fous-ligné ces mots, parce qu'il a fuppofé qu'ils donneroient l'idée de quelqu'intelligence entre la dame Kornmann & le fieur Daudet, & de ma participation à cette intelligence criminelle; d'après ce qu'on a lu ci-deffus, le fieur Daudet étant le confident forcé de ma malheureufe fituation, il étoit tout fimple que je le chargeaffe de remettre une lettre à mon époufe.

(3) Le fieur de Beaumarchais a imprimé ces mots en gros caractères, fans doute pour en inférer une grande liaifon entre le fieur Daudet & moi; mais on doit favoir quelle valeur on attache dans le monde à ces expreffions banales que l'étiquette met à la fin de toutes les lettres. Que le lecteur fe rappelle d'ailleurs ce que j'ai dit ci-devant fur le mot *ami*.

IIme LETTRE *au même.*

De Spa, 19 Juillet 1780.

JE SUIS fâché de ne pas être à Paris pour y recevoir M. votre frère, je fouhaite qu'il puiffe vous engager à différer votre départ pour l'Alface, afin que je puiffe vous y joindre; il eft vrai que je vous ai donné ma parole, & vous pouvez compter que je l'effectuerai, à moins que je n'aille dans l'autre monde, cas auquel vous voudrez bien m'excufer de n'avoir pas tenu ma parole; fi nous pouvions faire le voyage d'Alface enfemble, cela feroit plus gai; d'un autre côté, votre abfence de Paris & Verfailles pourroit peut-être préjudicier à vos fpéculations projettées, enfin vous verrez à faire

(1) J'entendois par-là le défagrement d'avoir à combattre le goût de ma femme pour le jeune étranger.

Ce mot ne peut s'expliquer dans l'hypothèfe atroce du fieur de Beaumarchais; dans cette hypothèfe, la dame Kornmann aimoit le fieur Daudet, en étoit aimée & je favorifois cette paffion; donc, puifque tous les trois nous étions d'accord, il n'y avoit point, pour moi, de défagrémens à effuyer.

(2) Toute cette tirade s'explique parfaitement, en admettant la première liaifon. Il eft naturel qu'un mari, las de combattre une inclination vicieufe à laquelle fa femme s'eft livrée, & défefpérant de faire revivre l'ancien attachement qu'elle avoit pour lui, fe borne à lui demander fon eftime, l'engage, finon à l'aimer, du moins à refpecter fes devoirs. Je n'exprimois, dans ma trifte fituation, que les fentimens d'un honnête homme, & il n'en

pour le mieux, & vous ne devez pas douter du plaifir que j'aurai de me trouver en Alface avec vous. Il ne dépendra que de ma femme d'être de la partie; mais pour lors il ne faudra pas que je faffe le voyage avec un défagrément continuel (1), ma fanté ne le fupporteroit plus; *je crois avoir fait tout ce qui étoit raifonnable; mais tout à fes bornes; je ne puis plus rien lui dire; elle n'eft plus une enfant, & c'eft à elle de fe faire eftimer du public & de fon mari (2); pour le refte, elle fera la maitreffe de faire ce qu'elle veut; je n'aurai jamais la fotte manie de gêner le goût & l'inclination de perfonne, trouvant que de toutes les tyrannies, la plus abfurde eft celle de vouloir être aimé par devoir, outre que c'eft une impoffiblité, on ne commande pas au fentiment le plus doux; partant de ce principe, on peut très-bien vivre enfemble, ne pas s'aimer, mais s'eftimer; avoir de bons procédés qui prouvent toujours de la réciprocité de la part d'une âme honnête; je crois que ce que j'exige n'eft pas injufte, ni difficile dans la pratique, & je le foumets à vos réflexions, &c.* Signé, G. KORNMANN.

eft aucun qui placé dans une fituation pareille à la mienne, ne prèchat la même morale à fon époufe. Tout fe réduit à ces mots: *Ne m'aimez pas, foit; le fentiment ne fe commande pas; mais conduifez-vous toujours de façon à mériter mon eftime & celle du Public.*

Il eft impoffible, avec toute autre clef, d'expliquer cette lettre. Effayons encore l'affreufe hypothèfe du fieur de Beaumarchais, & nous verrons qu'avec cette hypothèfe, on ne peut pas l'entendre. Si, pour me fervir de fes expreffions infâmes, j'euffe voulu *proftituer, vendre* ma femme au fieur Daudet, aurois-je dit: *C'eft à elle à fe faire eftimer du Public & de fon mari.* Se fait-on eftimer du Public en fe proftituant? Et, quelque corrompu que foit un mari qui cherche à vendre fa femme, lui parle-t-il de fon *eftime* pour l'engager à fe rendre? D'ailleurs, fi la dame Kornmann aimoit alors le fieur Daudet, fi je l'euffe fçu, aurois-je dit *que je n'aurois jamais la fotte manie de gêner fes goûts, de la tyrannifer, &c.*

Quel feroit le langage d'un homme qui, féduit par l'ambition, achéteroit la fortune au prix de la proftitution de fon époufe? Si elle avoit de la répugnance, des fcrupules pour accéder à cet infâme marché, lui parleroit-il de l'eftime du Public, de fa propre eftime, de fentimens honnêtes? &c. Ne lui diroit-il pas au contraire, qu'elle doit s'élever au-deffus des préjugés vulgaires, dédaigner l'opinion, &c. Or eft-ce ce dernier langage que j'ai tenu. Non. Et, fi j'ai précifément parlé un langage abfolument oppofé, que deviennent les calomnies du fieur de Beaumarchais?

IIIme LETTRE *au même.*

Spa, 19 Juillet 1780.

JE VOUS fuis obligé, mon cher ami, de m'avoir donné des nouvelles de ce qui s'eft paffé depuis mon départ; &.... ce que vous me dites de la fituation des chofes relativement à notre fpéculation fur la place de Tréforier de la

M...... me fait plaifir, & eft fait pour donner des efpérances, de même que ce que d'Erv.... vous a dit fur mon compte; quoique je devois m'y attendre, il ne faut pourtant pas trop fe fier là-def-fus dans ce monde. Il eft encore bon de vous obferver que ledit Sieur a befoin d'être talonné ; qu'il n'eft pas bien chaud, & qu'il fe rend facilement aux objections qu'on lui fait, & que, fe laiffant aller aux circonftances, il attribue au hazard ce qu'il auroit pu ob-tenir par la moindre activité & perféverance. , ...

. . . .
. . . .

Cette place eft tout-à-fait à ma convenance, & feroit d'autant plus agréable pour moi, que, me mettant en relation avec le Dé-partement de la Guerre, je ferois à portée de faire connoître au Miniftre que je puis être utile dans d'autres opérations, où il n'eft quelquefois pas indifférent de pouvoir fe confier à des gens honnêtes & de la difcrétion def-quels on eft entièrement per-fuadé.

Vous avez bien fait, mon cher, d'envoyer le mandat pour Ma-dame......, à notre Caiffe, tout ce qui fera préfenté de fa part & de la votre, fera exactement acquitté, &c. *Signé*, KORNMANN. (1)

(1) Cette Lettre eft tout fimplement une Lettre d'affaire.

C'eft une de celles que le fieur de Beaumarchais a tranfpofées pour en tirer parti. Après y avoir diftingué, par de *gros caractères*, quelques expreffions indiffé-rentes ; après des critiques écrites du ftyle le plus bas, le fieur de Beaumarchais tire cette étrange conclufion : « *Vous voyez* » *comment M. Kornmann rendoit fervice* » *au Corrupteur de fa femme, en confidéra-* » *tion d'un Miniftre auprès duquel il n'ef-* » *péroit pourtant s'infinuer que par ce* » *même Corrupteur* ». Et il n'y a pas un mot, pas un feul mot dans la Lettre qui puiffe s'appliquer à cette abfurde in-duction. Le fervice dont il y eft parlé, concerne uniquement une perfonne ref-pectable & d'un rang élevé, à laquelle je me faifois un plaifir d'être utile, & que, par égard pour elle, je ne crois pas devoir nommer ici.

IVme LETTRE *au même.*

Spa, 19 Juillet 1780.

JE VOUS fuis obligé, Monfieur & cher ami, du détail que vous

me donnez du souper de Beud......
de l'entrevue de mon frère & de
sa femme avec la mienne; les
Négociateurs de ce raccommode-
ment ne me paroissent pas bien
forciers, &c...............
........; à l'égard des 25 mille
livres que vous voulez me charger
de remettre, en Billets de Caisse,
en votre absence, à M. le Prince
de Montbarrey pour acquitter
pareille somme qu'il a avancée à
M. le Baron de Wirch; c'est une
excellente idée, & je vous en
suis obligé; je pense que le temps
de la quinzaine dont vous me
parlez, ne sera pas si stricte que
j'aie le temps d'arriver; *vous voudrez me mettre, dans le cas, par écrit,*
(I) *ce que je dois faire dans cette
occasion.* . . . .

. . . .

. . . .

Il seroit peut - être possible
qu'elle me procurât celle de glisser
deux mots de mon projet, qui est
que le Ministre devroit me faire
son Banquier particulier, ou avoir
sa Caisse chez moi; il y trouveroit
l'avantage que son argent seroit
toujours utilement employé, parce
que je lui en bonifierois l'intérêt
& il pourroit en disposer également d'un moment à l'autre, parce
que, étant dans le cas d'avoir toujours une Caisse garnie, j'acquit-
terois les mandats que le Prince
fourniroit sur moi, & qu'on
imprimeroit d'avance, pour qu'il
n'aye qu'à signer & remplir la
somme & l'ordre à qui il faudroit
payer, ou je lui porterois, sur
son ordre, des billets de Caisse ou

(1) Voici le commentaire empoisonné
que le sieur de Beaumarchais attache à ces
mots : *Ce vertueux Mari..... Le voilà
aux genoux du Séducteur de sa femme,
lui demandant des leçons, des préceptes
pour s'insinuer dans les affaires du Ministre.*

Et où donc suis-je ici aux genoux du
sieur Daudet ? Où peut-on trouver que
je lui demande des leçons, des préceptes ?
Voit-on dans cette Lettre une seule expression qui conduise à de pareilles idées; n'y
voit-on pas tout simplement un homme qui,
ne sçachant si un payement doit se faire
dans tel temps, & comment il doit se faire,
demande des éclaircissemens sur ce fait.
Comme l'imposture travestit en actions
criminelles les actions les plus innocentes ! Et quel mépris ne doit-on pas
avoir pour le Calomniateur qui corrompt
avec tant de perfidie, tout ce qu'il
touche !

de l'argent ; il me semble que cet objet pourroit devenir conséquent pour le Prince , sur-tout si, dans un maniement général , comme le Département de la Guerre , qui est de passé 50 millions ; on peut me l'aisser de temps à autre quelque forte somme entre les mains...; ce qui ne me paroîtroit pas difficile , & suis sûr que cela a été pratiqué dans le temps par M..... D......, par l'entremise des Sieurs L........ & M........ & moi. J'aurois l'agrément de me rendre utile au Ministre, ce qui peut se trouver dans l'occasion. . . . . . .

. . . .

. . . .

Je soumets cette idée à vos lumières , &c. Il me tarde de venir vous joindre , mon cher, je hâterai ce moment autant qu'il sera possible ; je vous embrasse & suis avec le plus sincère attachement, tout à vous , votre serviteur & ami (1). *Signé*, KORNMANN.

(1) Cette Lettre est encore tout simplement une Lettre d'affaire ; mais, parce que, d'après plusieurs expressions qui s'y trouvent, le sieur de Beaumarchais s'est efforcé de me faire regarder comme un homme avide , il faut que je donne ici quelques éclaircissemens sur ma conduite.

J'avois été très-lié en Alsace avec M. le Comte de S.-Germain : arrivé au Ministère, il désira me donner des preuves de l'intérêt qu'il prenoit à moi, en me fixant à Paris par une Place honorable & lucrative. Son projet ne réussit pas ; & l'arrangement qu'il se proposoit de faire en ma faveur, n'ayant pas eu lieu, il me pria de lui proposer quelques idées sur la comptabilité de son Département, où il méditoit d'opérer de grandes réformes ; je donnai mon plan, qu'il voulut bien agréer.

M. le Prince de Montbarrey, qui lui succéda dans le Ministère , avant qu'il eût pu mettre mon plan à exécution, n'ignoroit pas les particularités dont je parle ici. J'en avois également instruit le sieur Daudet qui, comme tout le monde le sçait, étoit malheureusement son Homme de Confiance. Je les rappelle au sieur Daudet dans cette Lettre, & je l'invite à chercher l'occasion de faire revivre mon projet : or on n'a pas trouvé extraordinaire que le sieur de Beaumarchais, qui n'est ni Négociant, ni Banquier, se soit jetté dans toutes les entreprises de Banque & de Commerce qui ont pu devenir la matière de ses spéculations ; & moi, Négociant & Banquier, je serois coupable pour avoir, sans sortir des bornes de ma Profession, proposé quelques idées utiles au Gouvernement sur des objets de comptabilité, qui étoient de mon ressort !

Sans doute, je ne le dissimule pas, ces idées, si elles avoient été adoptées, auroient pu contribuer à l'accroissement de ma fortune ; mais m'étoit-il défendu d'y songer ? &, pourvû que je n'employasse, pour y parvenir, que des moyens honnêtes, avoit-on quelque reproche à me faire ?

J'ai présenté, en différentes circonstances, à divers Ministres, des Mémoires sur le Commerce, sur la Circulation &

l'Emploi

l'Emploi de l'argent, &c. Mon frère & moi nous avons eu des relations avec prefque toutes les Maifons de Banque de Paris, avec les principales Places commerçantes du Royaume & de l'Etranger ; or je porte ici le défi le plus folemnel à mon Adverfaire de trouver parmi les Négocians & les Banquiers foit du Royaume, foit de l'Etranger, un feul homme qui ait des plaintes à former fur mon frère & fur moi ; je lui porte le défi de me produire un feul de mes *Mémoires* aux Miniftres qui n'ait eû le bien public pour objet. Je puis foumettre ma vie toute entière à l'infpection la plus rigoureufe. J'ofe afsûrer, dans la confiance que me donne le fentiment profond de mon honnêteté, qu'on n'y remarquera pas une feule action équivoque, & qui ait pu me mériter l'opprobre dont on s'eft efforcé de me couvrir.

Vme LETTRE *au même.*

Spa, le 1 Août 1780.

J'ESPÈRE, mon cher ami, que la préfente vous trouvera encore à Paris, & que votre départ fera différé de quelques jours, afin de me trouver plus long-temps avec vous en Alface. Soyez affûré que je m'en fais une fête, & que je viendrai vous joindre le plus tôt poffible. Je ne vous dis plus rien de ma femme ; tout dépendra d'elle ; je ne fuis pas un homme injufte, & je fçais apprécier les foibleffes humaines ; je ferai toujour confifter mon bonheur, en faifant celui de ma femme....... & de ce qui m'entoure......... mais je fuis homme, parconféquent reftreint dans des bornes (1).

. . . .

. . . .

. . . .

(1) Pourquoi une lacune ici ? Remarquez d'ailleurs toujours les mêmes principes ; & je crois que ce font les principes d'un homme fage qui, confidérant l'état actuel de nos mœurs, ne compte que fur fa patience & fa modération, pour rappeller fon époufe à fes devoirs.

Il eft au refte impoffible d'appliquer cette tirade à l'hypothèfe du fieur de Beaumarchais, tandis qu'elle s'explique tout naturellement, par l'hiftoire du jeune Etranger. Dans ce dernier cas, il eft naturel d'écrire comme je le fais ici. Je fçais apprécier les foibleffes humaines. *Je ferai toujours confifter mon bonheur en faifant celui de ma femme ;* c'eft-à-dire, je pardonne à ma femme, malgré fes procédés envers moi ; je veux qu'elle foit heureufe ; & je l'aime encore affez pour n'être heureux que par elle.

* C

Vos efpérances, fur l'adjonction en queftion, font bien flatteufes; il faudra attendre la tournure que cela prendra, vous étant fenfiblement obligé de votre furveillance à combiner tous les moyens pour faire réuffir l'affaire; ce fera votre ouvrage. Je vous fuis obligé de votre attention obligeante de faire mention de moi dans la famille, quand l'occafion fe préfente.

Signé, KORNMANN.

VIme LETTRE *au même*.

Spa, 5 Août 1780.

TOUT ce que vous faites eft au mieux, mon cher, pour me mettre en avant auprès du Miniftre & de la Princeffe...(1)...... Il faudra voir ce que c'eft que l'affaire majeure dont vous me parlez, & dont je n'ai pas pu lire le nom de la perfonne que vous nommez.......; j'en ferai inftruit là-deffus, quand j'aurai le plaifir de vous voir...... Je vois avec plaifir que d'Erv...... doit dîner chez ma femme avec un Comte de Briançon. Vous me dites que le Miniftre me l'a adreffé; mais je n'en ai aucune connoiffance; vous m'expliquerez cela fans doute. Enfin toutes vos démarches, à mon égard, tendantes à mettre le pied dans l'étrier, il y auroit bien du malheur & de la gaucherie fi je ne réuffiffois à me mettre en felle, & il ne s'agira que d'aller....... .... Adieu, mon cher, je vous embraffe & fuis avec le plus inviolable attachement, tout à vous. *Signé*, KORNMANN.

(1) Cette Lettre eft encore une Lettre d'affaire. Je fuis fâché de n'avoir pas confervé les Lettres du fieur Daudet, pour ajouter de nouveaux détails aux explications que je donne ici; mais qui pouvoit foupçonner qu'après fept ans une Correfpondance indifférente me feroit repréfentée, & qu'on en feroit la matière d'une accufation contre moi?

VIIme LETTRE *au même.*

Bruxelles, 12 Août 1780.

QUOIQUE je ne fois pas curieux, il me tarde cependant de fçavoir quelle eft cette affaire majeure (1) dont vous me faites l'amitié de me parler , & que vous avez follicitée pour qu'elle me mettre en relation avec le Miniftre. A vous dire le vrai, je ne fçais que deviner; cela paffe mon imagination; en attendant, pas moins de remercîmens d'avance, vous priant d'être perfuadé que je ferai toujours tout ce qui dépendra de moi pour qu'on ne vous faffe point de reproches fur mon compte, &c. Adieu, mon cher; portez-vous bien; confervez moi votre amitié, & foyez affûré du plus parfait retour. Je fuis tout à vous.

Signé, G. KORNMANN.

P. S. A l'égard de ma femme, je ne veux que fon bonheur dans toute l'étendue du terme; j'efpère ainfi qu'avec un peu de réflexion, elle ne s'y oppofera point (2).

(1) Cette affaire majeure étoit l'Entreprife du Canal de Bourgogne, propofée par M. le Comte de Briançon.

(2) Dans les Lettres qu'on vient de lire, par tout où je parle de mon époufe, je ne le fais que parce que le fieur Daudet m'y provoquoit, en m'en parlant lui-même dans les fiennes. Il m'invitoit à être tranquille fur fa conduite, à compter fur fes promeffes; & moi, toujours fidéle à mon fyftême , je répondois que je ne prétendois pas devenir fon tyran; *que je ne voulois que fon bonheur dans toute l'étendue du terme , &c.* Encore une fois, qu'on me juge ; & qu'on m'apprenne fi , à côté d'une femme jeune, vive & inconfidérée, je pouvois me conduire avec plus de douceur & de prudence.

AVANT que d'aller plus loin, je prie qu'on remarque que les fept Lettres qu'on vient de lire , ne rempliffent que l'intervalle d'un mois (depuis le douze du mois de Juillet, jufqu'au douze du mois d'Août 1780); que le fieur de Beaumarchais a cherché à faire illufion à fes lecteurs , en tranfportant une partie de ces Lettres, à la fin de fon Mémoire & après d'autres Lettres écrites plufieurs mois après ; que ce n'eft que par cet artifice groffier , & en diffimulant les circonftances auxquelles elles fe rapportent , circonftances qui , comme on le verra dans peu , étoient tout entières à fa connoiffance ; que le fieur de Beaumarchais eft venu à bout de perfuader à quelques hommes inattentifs, que j'ai moi-même favorifé les défordres de mon époufe, en lui don-nant pendant près d'une année, fon féducteur pour confeil. Or, on voit déja ce qu'il faut penfer de cette imputation; je continue.

Je reviens de Spa, & j'arrive à Paris quelques jours après que le fieur Daudet en étoit parti pour Strafbourg. J'a-prens en arrivant que le fieur Daudet, dans fa correfpon-dance, m'a trompé fur la conduite de mon époufe, non pas en ce qui concerne l'Etranger, mais en ce qui le con-cerne lui-même; qu'il a bien réuffi à l'empêcher de faire ce que j'ai appellé une *fottife majeure*; mais qu'il n'a pas craint de l'afficher comme une femme dont il difpofoit, & de la com-promettre ainfi plus qu'elle ne l'avoit été jufqu'alors. La première imprudence de la dame Kornmann, avoit perfuadé au fieur Daudet, qu'il étoit facile de la féduire, & comme fans doute dès les premiers inftans de notre liaifon, il avoit déterminé fon plan fur elle, il fe hâta de profiter de mon abfence, pour mettre à exécution le projet qu'il avoit formé.

En même temps qu'on m'inftruit de toutes ces chofes, M. de Maurepas me fait prier d'aller le voir. Je me rends à l'invitation de ce Miniftre qui me conjure de m'occu-per fur le champ, du projet du Canal de Bourgogne, de chercher les fonds néceffaires à l'exécution de ce projet, & qui m'enjoint en quelque forte, de partir le plus tôt pof-fible pour Strafbourg, afin d'en conférer avec le fieur Daudet, auquel l'Adminiftration avoit fait remettre tous les plans de l'Entreprife.

M. Le Prince de Montbarrey fe joint à M. de Maure-pas, & me fait les mêmes injonctions & les mêmes prières.

Il faut donc partir pour Strafbourg. Obfervez bien ceci, fi je pars & fi je laiffe mon époufe à Paris, l'Etranger peut reparoître, & devenir de nouveau pour moi, un rival re-doutable. Si je l'emméne avec moi à Strafbourg, j'ai auffi, d'après ce qu'on ma rapporté, beaucoup de chofes à craindre du fieur Daudet.

Cependant il convient que j'aille rejoindre le sieur Daudet. Dans cette circonstance difficile, la dame Kornmann m'ayant supplié de la conduire à Bâle dans sa famille, je finis par y consentir, mais à deux conditions.

La première, comme je l'ai dit dans mon Mémoire, qu'obligé à Strasbourg de recevoir le sieur Daudet, elle ne sortira pas avec lui des bornes de la politesse la plus sévère, & qu'elle se conduira de manière à mériter l'estime des personnes qu'elle sera dans le cas de fréquenter.

La seconde, qu'elle chassera une Femme-de-Chambre & un Domestique, qui l'avoient aidée dans ses intrigues avec le jeune Étranger, & que je soupçonnois de l'aider encore dans ses nouvelles intrigues avec le sieur Daudet.

D'ailleurs la dame Kornmann m'assura que, si sa jeunesse & son inexpérience avoient pu lui faire commettre quelque nouvelle étourderie, cependant il ne s'étoit rien passé, entre elle & le sieur Daudet, qui dût exciter mon indignation. J'eus, comme on le pense, beaucoup de peine à le croire ; je lui dis cependant que, parce que mes soupçons n'étoient appuyés que sur des rapports qui m'avoient été faits, jusqu'à ce que j'eusse terminé les affaires qui m'étoient communes avec le sieur Daudet, je lui écrirois comme si je n'avois pas à me plaindre de lui. J'ajoutai que, si je venois à découvrir que les soupçons qui m'avoient été donnés étoient fondés, je prendrois des mesures pour empêcher désormais, que le sieur Daudet ne l'entraînât dans des démarches qui ne pouvoient que nuire infiniment à sa réputation.

Remarquez bien ici ma position. Remarquez que, si j'avois changé de style en écrivant au sieur Daudet, il n'auroit pas manqué de me demander, quelle étoit la raison de ce changement ; que, si je lui en avois allégué pour cause, les divers rapports qui m'avoient été faits sur sa manière d'être avec la dame Kornmann pendant mon voyage à Spa, comme je n'aurois pas été dans le cas d'appuyer sur aucune preuve positive, ce que je lui aurois mandé, il n'auroit pas manqué de me faire passer auprès des Ministres, dont il avoit toute la confiance, comme un homme jaloux & ridicule, comme le calomniateur de mon époufe, & cette époufe d'un caractère impétueux, dirigée par un tel homme, que n'auroit-elle pas alors pu fe permettre contre moi ? Qui l'eût empêché dans une pareille circonftance, de m'intenter un Procès en diffamation ?

On peut lire maintenant, les deux Lettres fuivantes.

VIIIme LETTRE *au même.*

Paris, 19 Août 1780.

J'ESPÈRE, mon cher ami, que la Lettre que j'ai eu le plaifir de vous adreffer de Bruxelles vous fera bien parvenue ; la votre que vous m'aviez fait l'amitié de m'adreffer à Spa, le 7 de ce mois, m'a été renvoyée ici ; je fuis charmé d'avoir prévenu vos intentions en hâtant mon retour ; je n'ai pas manqué de me rendre de fuite chez M. le Comte de Briançon, qui m'a mis au fait du Projet dont il étoit queftion : l'affaire me paroît belle (1), il ne s'agit que de la certitude de fe procurer les fonds néceffaires pour ne pas refter en chemin, lorfque l'opération fera commencée ; je m'occupe à venir vous joindre pour nous concerter là-deffus.

J'ai mille chofes à régler avant mon départ, que je compte effectuer vers la fin de la femaine prochaine. Je crois que ma femme eft intentionnée de faire ce petit voyage (2) ; mais elle n'a guerres fait de préparatifs pour cela : lorfque cela fera décidé, je ne manquerai pas de vous en faire part. En attendant le plaifir de vous voir, je vous embraffe de tout

(1) Depuis cette Lettre, M. le Comte de Maurepas me fit appeller pour m'entretenir de la même affaire.

(2) Rien n'étoit encore décidé fur ce voyage, parce que la dame Kornmann ne vouloit pas renvoyer la Femme-de-Chambre, & le Domeftique dont je viens de parler.

mon cœur, & fuis fans réferve
tout à vous.

  Signé, G. KORNMANN.

IXme LETTRE *au même.*

Paris, 14 Août 1780.

J'AI ÉTÉ, mon cher ami, charmé d'apprendre, par la Lettre que
vous m'avez fait l'amitié de m'a-
dreffer, que vous foyez heureu-
fement arrivé à Strasbourg...... ·

J'ai fait deux fois ma Cour à
Madame de Montbarrey & à Madame de Naffau qui m'ont reçu
avec beaucoup de bonté, de
même que ma femme qui a été
hier pour prendre leurs ordres ;
car il paroît décidément qu'elle
eft du voyage ; elle prendra une
autre Femme-de-Chambre & un
autre Domeftique (1) ; &, par ce
moyen, nous voyagerons enfemble. . . . .

. . . .
J'efpère que vous ferez encore
à Strasbourg & que nous pour-
rons y paffer quelques jours enfemble. *Signé*, G. KORNMANN.

(1) J'annonçois affez, en donnant cette
nouvelle au fieur Daudet, que mon intention n'étoit, en aucune manière, de favorifer les intrigues de la dame Kornmann
avec qui que ce fût.

JE pars pour Strafbourg. Dans ma route, comme on l'a
vû également dans mon Mémoire, je m'efforce de rappeller la dame Kornmann à elle-même ; je crois, quelques
inftans, avoir réuffi. A Strafbourg, je vois que je me fuis
trompé, fa manière d'agir avec le fieur Daudet augmente
mes foupçons, & je me hâte de la conduire à Bàle, dans
fa famille. Forcé de quitter Bâle pour m'occuper de mes
affaires, je lui laiffe fes enfans, perfuadé que la tendreffe
qu'elle doit conferver pour eux, fuffira pour lui faire faire
des réflexions falutaires, & que, fous les yeux de fes pro-
ches, elle évitera de faire parler d'elle.

J'écris dans le cours de mon voyage, les deux Lettres qu'on va lire :

LETTRE *à Madame Kornmann.*

Ather, près de Luxembourg,
le 14 Septembre 1780.

JE CROIS, ma femme, *qu'il eſt décent que tu reçoives de mes nouvelles ;* car mon ſilence pourroit faire naître des réflexions (1) aux bonnes-gens avec leſquels tu te trouves, qu'il n'eſt pas de notre intérêt qu'ils faſſent..........; on te demandera, par intérêt pour moi, ou par curioſité, ſi je t'ai écrit, & tu pourras, par ce moyen, ſatisfaire à toutes ces demandes.

Fais mille complimens à tes Parens & à Daudet, ſi tu le vois; car je ſuppoſe qu'il pourroit bien, dans ſes petits voyages, avoir l'attention de te faire une viſite (2); je lui écrirai demain. Je fais paſſer la préſente par Strasbourg pour qu'on y voye que nous ſommes en correſpondance; tu pourras également, ſi par hazard tu avois quelque choſe à me faire dire, adreſſer tes Lettres pour moi à Wachler. Cela nous donnera un air d'intelligence (3) qui fera bon effet ſur l'eſprit de certaines perſonnes. Je ſuis toujours avec les ſentimens que tu me connois (4). *Signé,* G. KORNMANN.

(1) Il y avoit donc quelques ſujets de diviſion entre la dame Kornmann & moi. Si je m'étois concerté avec le ſieur Daudet pour la corrompre, que ſignifieroit toute cette Lettre ?

(2) Il m'avoit écrit qu'en effet, devant aller dans le voiſinage de Baſle, il ſe propoſoit de lui faire une ſeule viſite. Je ne croyois pas cette viſite bien dangereuſe, la dame Kornmann étant avec ſes enfans & au milieu des ſiens; je n'imaginois pas ſur-tout qu'elle fût ſuivie de pluſieurs.

(3) *Un air d'intelligence :* nous n'étions donc pas d'accord ?

(4) Mais qu'on m'apprenne pourquoi, dans la *Correſpondance* citée par le ſieur de Beaumarchais, il ne ſe trouve qu'une ſeule *Lettre* de mon épouſe : je lui ai écrit plus de deux cents Lettres ; qu'elle les produiſe, ſi elle l'oſe ; qu'elle produiſe ſur-tout la Lettre que je lui ai écrite pendant que j'étois à Spa, & que le ſieur Daudet étoit chargé de lui remettre. (*Voyez, ci-deſſus, ma première Lettre au ſieur Daudet.*) Que crains la dame Kornmann ſi, en effet, j'ai favoriſé ſes déſordes ? ma *Correſpondance* avec elle doit le prouver ? Qu'elle faſſe donc connoître cette *Correſpondance.*

LETTRE

LETTRE *au sieur Daudet.*

De Bruxelles, le 10 Septembre 1780.

JE VOUS adresse, mon cher ami,
la présente à Strasbourg, à tout
hazard, ne sachant si elle vous y
trouvera. . . . .

. . . .

. . . .

Je ne séjournerai que peu, pour
prendre la route de Suisse, y
chercher ma femme & mes enfans,
& les ramener rue Carême-Prenant (1). Adieu, mon cher, je
vous embrasse & vous prie de me
croire, avec le plus sincère attachement, tout à vous. *Signé*, G.
KORNMANN.

P. S. Je voudrois beaucoup
vous trouver à Paris, où je pense
que votre présence seroit bien
nécessaire (2).

(1) Cette Lettre, après tout ce que
je viens de dire, n'est susceptible d'aucun
commentaire.

(2) Pour les affaires dont j'étois
chargé.

DE retour à Paris, connoissant enfin parfaitement l'in-
triguant auquel j'ai affaire, mais connoissant aussi le caractère impétueux de mon épouse, me rappellant son aventure
avec le jeune Etranger, & de quel excès pour satisfaire une
fantaisie passagère, elle avoit failli se rendre coupable,
j'employe toutes les ressources particulières que mon amitié,
que les égards que je crois lui devoir encore, peuvent me
suggérer afin de la rappeller à une conduite moins indé-
cente ; je fais sentir au sieur Daudet combien sa présence
m'est importune (1) ; j'évite d'ailleurs autant qu'il est en

(1) Dès les premiers momens de mon retour à Paris, je lui fis entendre
que je verrois avec peine qu'il existât, entre mon épouse & lui, une liaison
trop intime ; & ce fut alors qu'on imagina les rendez-vous au Bois de Boulo-
gne, au Bois de Vincennes, & dans quelques maisons particulières, &c.

* D

moi, de compromettre par des plaintes trop éclatantes, la réputation de la dame Kornmann; on s'en apperçoit, & l'on se prévaut de ma modération pour me rendre ma maison insupportable, par des scènes indécentes, & trop souvent renouvellées. Mon chagrin redouble; dans ces circonstances le sieur Daudet a l'audace de m'écrire; je réponds ainsi:

LETTRE *au même.*

Mars 1781.

JE N'AI pas, sans doute, l'honneur d'être connu de vous assez, Monsieur, (1) pour croire que je ne sçache sacrifier mes hommages qu'aux gens en place........ A l'égard de la place de Pierrecourt, toute mon activité s'est reposée sur d'Erv.....; il a dit qu'il en parleroit........; mais qu'il croyoit la chose fort difficile.

Au surplus, Monsieur, si je suis moins chez moi que par le passé, ce ne sont pas mes affaires seules qui m'éloignent; j'aurois toujours été charmé de me délasser de mes occupations dans l'intérieur de mon ménage avec quelques amis; je dis *quelques,* parce cette classe ne sçauroit être trop nombreuse. . . . . . .

. . . .
. . . .
. . . .
. . . .
. . . .
. . . .
. . . .
. . . .
. . . .
. . . .

(1) Le sieur de Beaumarchais voudroit faire conclure, de cette Lettre, que j'ai demeuré dans les termes de l'amitié avec le sieur Daudet, jusqu'à l'instant de la retraite du Prince de Montbarrey; mais que, ce Ministre retiré, je me suis hâté de charger de ton avec son Favori, & que ma mauvaise humeur contre ce Favori n'a commencé qu'à cette époque.

De-là cette exclamation du sieur de Beaumarchais: *Pourquoi nos Ministres ne sont-ils pas inamovibles! les amitiés de nos Guillaumes seroient, à coup sûr, éternelles.*

L'imputation est affreuse: on va voir combien elle est peu fondée.

D'abord M. le Prince de Montbarrey, a quitté le Ministère, autant que je m'en rappelle, le 12 Décembre 1780, & la Lettre qu'on cite ici est du mois de Mars 1781: la Lettre n'a donc été écrite que quatre mois après la retraite de M. de Montbarrey; le changement de style qu'on y remarque, a donc pu être occasionné par toute autre cause que cet événement.

Ensuite il n'y a qu'à bien lire cette même Lettre, & l'on y verra pourquoi j'ai changé de style; on n'y apperçoit autre chose qu'un homme dévoré de chagrin, mais toujours modéré dans l'expression de sa douleur; qui s'afflige d'être obligé de vivre avec une femme qui le déshonore, & dont il s'est efforcé vainement de réprimer les écarts; qui n'ose pas éclatter encore, mais qui se plaint; & qui, forcé d'écrire à l'homme qui l'a séduite, le fait avec le ton de mécontentement & d'amertume qui convient à sa position.

mais ma femme s'y oppofe; fa façon de penfer ne pouvant quadrer avec la mienne, étant trop fier pour me trouver où je puis déplaire, lorfque l'on me le donne trop à connoître. . . . . .

. . . .

. . . . ;

je ne trouve pas déplacé qu'on fe moque de moi; un chacun eft le maître; mais on ne doit pas trouver mauvais, quand je m'en apperçois, & que je cherche à éviter d'être l'objet plaifanté, je fçais jufqu'à quel point peuvent aller les plaifanteries de Société & de convenance; mais il y a des termes à tout; au furplus je fuis pour la liberté & l'indépendance, prétendant ne gêner perfonne, & ne précipitant jamais mon jugement fur le compte de qui que ce foit, attendant tranquillement que l'expérience me démontre jufqu'à quel point je dois me fier à l'amitié qu'on me témoigne, préférant de juger les hommes, plutôt par leurs actions, que par leurs paroles. J'admire l'éloquence; mais je préfère la vérité toute nue & fans ornemens dans la bouche de mes amis, & c'eft une chofe qui n'eft pas commune. Si ma maifon perd quelque chofe de l'agrément qui pouvoit réfulter de la bonne intelligence vraie ou apparente, qui devoit régner entre le maître & la maîtreffe, j'en fuis fâché; mais je fuis trop franc pour réfifter, à la longue, à une fituation forcée qui iroit au détriment de ma fanté, que j'ai affez

Enfin, puifque le foin de ma propre juftification m'y oblige, je vais rendre compte de ce qui s'eft paffé entre M. le Prince de Montbarrey & moi. A l'époque de fa retraite, ce Miniftre laiffoit dans une des Caiffes de fon Département un vuide de trois cents mille livres. Il falloit remplir ce vuide; &, pour y parvenir, il s'adreffa vainement à quelques perfonnes qui, ne le regardant pas comme très-folvable, refusèrent de venir à fon fecours. Il n'avoit rien fait pour moi, pendant fon Miniftère, & cependant il me crut affez généreux pour penfer que, dans la circonftance très-délicate où il fe trouvoit, je pourrois lui être plus utile que la plupart des perfonnes qu'il avoit obligées. Je fus touché de fa fituation; & je dépofai, à la prière qu'il m'en fit, dans la Caiffe dont il s'agiffoit de remplir le vuide, un billet au porteur de la fomme de 300,000 livres, ftipulé payable dans fix mois : ainfi je devins, à la place de M. de Montbarrey, débiteur du Département de la Guerre de la fomme de 300,000 livres; &, ce qu'il faut bien remarquer ici, c'eft que je m'inquiétai peu de ce qu'il pourroit dire à fon Succeffeur, pour expliquer, à fon avantage, & néceffairement à mon détriment, l'origine d'une pareille créance.

M. de Montbarrey m'avoit promis qu'il feroit verfer, *inceffamment*, dans ma Caiffe particulière les 300,000 livres dont je me conftituois débiteur à fa place, afin de me mettre dans le cas de fatisfaire à mon engagement, & de retirer mon billet le plus-tôt poffible. Il ne remplit pas fa promeffe; &, le moment de l'échéance de mon billet approchant, je lui écrivis plufieurs Lettres pour lui témoigner toute mon inquiétude. Il m'adreffa, pour me tranquillifer, au fieur Mélin, premier Commis du Département de la Guerre. Le fieur Mélin m'apprit, à mon grand étonnement, que la fituation de M. de Montbarrey ne lui permettoit pas de me rembourfer; mais que, par un arrangement agréé par l'Adminiftration, il étoit convenu que je ferois un autre billet de 300,000 liv. pour une année, avec un fecond de 15,000 liv. pour les intérêts. Il ajouta qu'il efpéroit

facrifiée pat le fincère attachement que j'ai porté à ma femme, voyant à regret combien elle étoit mal confeillée de ne compter pour rien l'eftime d'un mari, en préféant des chofes paffagères à la folidité de l'amitié; mais elle étoit fa maîtreffe................ (2).
] Je ne fuis pas inquiet fur les petites avances que j'ai été dans le cas de vous faire, Monfieur, la vie étant un échange continuel de procédés; je me trouverai heureux de ne me jamais trouver en arrière, &c.

Signé, G. KORNMANN.

que, dans cet intervalle de temps, on trouveroit le moyen de terminer cette affaire, de manière à ce que je ne fuffe pas obligé de tirer de ma Caiffe une fomme auffi confidérable : effectivement, quelques mois avant leur échéance, mes deux billets m'ont été rendus.

J'ai long-temps gardé, fur ce fait, le filence le plus abfolu ; mais M. le Comte de Maurepas, que M. de Montbarrey en avoit inftruit, l'ayant fait connoître à quelques perfonnes, il a fini par acquérir une forte de publicité : parmi ces perfonnes, il s'en eft trouvé qui, indignées de la protection trop déclarée que M. le Prince de Montbarrey accordoit au fieur Daudet contre moi, & de la manière défavantageufe dont cet Ex - Minftre s'expliquoit dans toutes les occafions fur mon compte, n'ont pas cru devoir être difcrétes,& fe font empreffées de le révéler.

Malgré ces circonftances, je n'en aurois jamais parlé, fi le fieur de Beaumarchais, par l'imputation odieufe qu'il me fait aujourd'hui, ne m'en avoit en quelque forte impofé la loi. Qu'on me dife fi j'ai mérité de trouver M. le Prince de Montbarrey au nombre de mes Perfécuteurs ? Qu'on m'apprenne fi cette conduite eft celle d'un homme qui pourfuit la faveur, & qui ne fait une bonne action qu'après avoir calculé le profit qu'il peut en attendre.

(2) Ces dernières phrafes prouvent évidemment que j'aimois fincérement ma femme, que j'étois bien éloigné de favorifer des liaifons étrangères & criminelles; que je blâmois au contraire celles qu'elle avoit formées ; que j'en avois le cœur navré ; mais que, malgré mon chagrin, je métois conftamment renfermé dans les bornes de la modération. Un mari attaché à fa femme la vend-il ? Un mari qui confeille à fa femme d'être jaloufe de l'eftime de fon mari, cherche-t-il à la proftituer ? Un mari qui lui reproche de préférer des chofes paffagères à la folidité de fon amitié, eft-il d'humeur à la facrifier aux fantaifies de fes adorateurs ?

BILLET *au même.*

Mardi matin à huit heures.

JE VOUS **ai** laissé, Monsieur, tout le temps pour changer votre conduite à mon égard ; mais, comme vous n'avez pas jugé à propos de le faire, il convient actuellement qu'il ne reste plus aucune relation directe ni indirecte entre nous ; je vous préviens que je ferai présenter le billet de 3,600 liv. échu, pour que vous puissiez l'acquiter.

Je suis très-parfaitement, Monsieur, votre, &c.

Signé, G. KORNMANN.
Paris, le 2 *Juillet* 1781. (1)

(1) On donne deux dates à ce billet ; le *mardi matin, à huit heures* ; & puis, *Paris, le* 2 *Juillet* 1781. Cette seconde date est évidemment ajoutée, car en 178x le premier mardi du mois de Juillet n'étoit pas le 2 mais le 3.

Réponse du sieur Daudet.

2 Juillet 1781. (1)

C'EST PAR ménagement pour vous, Monsieur, par respect pour Madame votre épouse, que je n'ai point changé de conduite à votre égard, & que j'ai continué d'opposer le silence, l'honnêteté & la douceur aux impertinences & aux calomnies que vous-vous êtes permises........ ; ne croyez pas avoir acheté par quelques foibles services pécuniaires, le droit de me calomnier & de me faire servir de prétextes à vos persécutions contre une femme foible & malheureuse....... Si j'ai reçu vos services, vous sçavez que je les ai payés par d'autres, auxquels vous avez attaché du prix, & dont vous jouissez. Fiez-vous sur l'envie extrême que j'ai de

(1) J'ai plus d'une observation à faire sur cette Lettre. 1° On la date du 2 Juillet, & d'après ce que je viens de dire, on me la fait écrire par le sieur Daudet à un billet que je ne lui ai adressé que le 3.

2° On la date du 2 Juillet, parce que le 3 Juillet le sieur Daudet partit pour la Hollande, à la sollicitation, comme je l'ai dit, du Prince de Nassau-Siegin. Si l'on avoit donné à la Lettre une date antérieure à ce voyage, on eut été trop embarassé à expliquer comment j'aurois pu me tenir en repos après l'avoir reçue. Ce n'est pas l'homme qui, insulté dans sa maison par le sieur de Beaumarchais, lui a prouvé, avec quelque vigueur, qu'il sçavoit repousser une insulte, qui auroit souffert impunément, que le sieur Daudet lui écrivit avec tant d'impertinence & de mépris.

3° La Lettre du sieur Daudet est évidemment écrite pour les circonstances présentes. J'ai sous les yeux toutes la corres-

pouvoir vous méprifer à mon aife, du foin que je prendrai de me liquider avec vous ; jufques-là, je ne puis vous dire qu'entre quatre yeux l'horreur & l'indignation que m'infpirent la baffeffe de vos moyens, la lâcheté de vos procédés. Je m'arrête : fouvenez-vous bien que je vous démafquerai, fi vous me pouffez à bout ; &, s'il vous refte quelque vergogne, tremblez que le Public ne vous connoiffe comme je vous connois, & comme vous-vous connoiffez vous-même. Je vous débarrafferai de vos cautionnemens, ou plutôt je m'en débarrafferai. Le comble du malheur feroit de refter votre obligé de cette façon.

pondance du fieur Daudet avec mon époufe pendant fon voyage de Hollande, telle qu'elle doit exifter au Greffe Criminel. Les premières Lettres de cette correfpondance font du 2 & du 3 Juillet ; fi en partant pour la Hollande, le fieur Daudet m'avoit écrit la Lettre ci-deffus, n'en feroit-il pas queftion dans fes premières Lettres à mon époufe, & même dans toute fa correfpondance ? N'y répeteroit-il pas à chaque inftant qu'il ne me craint pas, qu'il a dans fes mains des piéces fuffifantes pour me perdre, &c.

J'ai fait entendre, dans ma réponfe au premier Ecrit du fieur de Beaumarchais, que je ne le croyois pas bien délicat fur la manière de fe procurer au befoin des piéces juftificatives, je fuis inftruit maintenant que, ne fachant comment fe difculper d'avoir écrit, à l'époque où je fus excepté de l'Arrêt de furféance obtenu par ma Maifon ; la Lettre diffamante que j'ai rapportée dans mon Mémoire, il a cherché à fe procurer, après la publication de ce Mémoire, l'autorifation de M. le Duc d'Orléans & de M. le Cardinal de Rohan qu'il a l'audace de citer dans fa Lettre comme l'ayant fpécialement chargé de me faire rendre un compte rigoureux de mes prétendues malverfations dans l'affaire des Quinze-Vingts. Je fais que M. le Duc d'Orléans l'a hautement défavoué, & qu'il n'a pas réuffi d'avantage auprès de M. le Cardinal de Rohan. On penfe bien que le fieur Daudet ne devoit pas être fi difficile. Des gens dignes de foi m'ont affuré que le fieur de Beaumarchais, à l'inftant de l'apparition de mon Mémoire a envoyé un exprès au fieur Daudet, lequel étoit dans la Principauté de Saarbruk. Cet exprès n'auroit-il pas été chargé de lui faire tranfcrire & figner la Pièce jufticative dont il s'agit ici.

Voila, ma Corefpondance interprétée comme elle doit l'être, autant cependant qu'il m'a été poffible de le faire, fur des lambeaux qui ont été peut-être infidélement trancrits. Or que réfulte-t-il de l'examen de toutes mes Lettres ?

1° Qu'elles s'expliquent bien clairement par le fait qu'on m'a contraint de révéler ici.

2° Qu'elles n'ont prefque toutes aucun rapport à la liaifon du fieur Daudet avec la dame Kornmann, & qu'il n'en eft aucune qui n'offre une foule de paffages inexplicables dans le fens qu'on leur donne.

3º Qu'elles fourniſſent la preuve la plus évidente que j'étois ſincèrement attaché à mon épouſe, que j'étois vivement affligé de n'en être plus aimé, & que ſans ceſſe je m'occupois de la ramener à ſes devoirs.

Terminons cette longue diſcuſſion par quelques obſervations déciſives. Pourquoi ne produit-on que dans ce moment ces fameuſes Lettres qu'on poſſéde depuis plus de ſix années? Je trouve, daus le Mémoire du ſieur de Beaumarchais, un Ecrit que la dame de Kornmann prétend avoir adreſſé au Parlement, & qu'elle date du lieu de ſa détention. Dans cet Ecrit où elle accumule toute eſpéce de calomnies contre moi, elle ne dit pas un mot du délit odieux qu'on m'impute aujourd'hui? Elle m'y peint comme un mari jaloux, féroce, avec lequel elle a toujours été malheureuſe. Se feroit-elle exprimée dans ces termes, ſi au contraire elle avoit pu me repréſenter comme le complice de ſon Séducteur.

Ce n'eſt pas tout. La dame Kornmann, ayant à peine recouvré ſa liberté, m'a intenté un Procès en ſéparation, & c'eſt le ſieur de Beaumarchais qui l'a dirigée dans toutes ſes démarches relatives à ce Procès commencé à Paris, & ſuivi enſuite à Straſbourg & à Colmar. J'ai ſous les yeux la Requête qu'elle a préſentée au Châtelet à cette époque, & je connois les divers Requête & Mémoires qu'elle a fait parvenir tant à Colmar qu'à Straſbourg. Il n'exiſte dans chacune de ces Piéces, aucun fait, aucune obſervation qui ait pour objet de me faire regarder comme le complice du ſieur Daudet. Par-tout, j'y ſuis repréſenté comme un maître dur, impérieux; nulle part comme un mari complaiſant & facile, & cependant quel grief plus victorieux à m'oppoſer dans un Procès en ſéparation, que des titres qui auroient prouvé que j'avois été moi-même le premier corrupteur de mon épouſe.

Ce n'eſt pas tout encore; je relis la lettre que la dame Kornmann m'a écrite du lieu de ſa détention, & j'y vois qu'elle y implore ma pitié; qu'elle y fait l'aveu de ſes fautes; qu'elle me ſupplie de les lui pardonner. Eût-elle ainſi parlé, ſi, comptant, comme elle le faiſoit déjà, ſur le

crédit du fieur de Beaumarchais, elle eût pu me dire : « De
» quoi vous plaignez-vous, & comment pouvez-vous m'ac-
» cufer d'un delit dont vous êtes le premier auteur ; fi je
» fuis une époufe infidelle, eſt-ce à vous qu'il appartient
» de me punir ? à vous, qui m'avez enſeigné le mépris de
» tous mes devoirs, & qui n'avez pas craint de me pro-
» ſtituer à l'homme, qui, par un delire inconcevable ex-
» cite en vous aujourd'hui une haine tardive & des ſenti-
» mens d'indignation que vous ne pouvez laiſſer éclater
» fans vous couvrir d'une honte éternelle ? »

Enfin, fi ces Lettres prouvent tout ce qu'annonce le
fieur de Beaumarchais, pourquoi, à l'inftant où mon Mémoire à paru, la dame Kornmann ne les a-t-elle pas produites
elle-même ; pourquoi, dans toutes les négociations qui ont pré-
cédé l'apparition de ce Mémoire, & dont je rendrai compte
inceffamment, la dame Kornmann qui alloit chez mes Confeils, chez mes Juges, ne les a-t-elle pas montrées ? Pourquoi le fieur Daudet ne fe repréfente-t-il pas pour m'ac-
cabler du poids de cette correfpondance fatale ? Comment
fe fait-il que les deux perfonnages qu'une telle correfpondance intéreffe, gardent le filence, & que le fieur de Beaumarchais, le mettant à leur place, dife pour chacun, ce
qu'eux feuls doivent & peuvent dire.

Or maintenant, je vous le demande, que penfez-vous du
fieur de Beaumarchais ? Quel homme aujourd'hui ne doit
pas frémir, en fe livrant à la correfpondance la plus inno-
cente, fi l'on peut, fans indignation, voir le fieur de Beaumarchais s'emparer de Lettres qui ne lui ont pas été
adreffées, les appliquer à des objets auxquels elles ne fe
rapportent pas ; dénaturer, contre la vérité des faits, à lui
parfaitement connue, le fens de chacune des phrafes qu'elles
renferment ; mettre fous chaque phrafe une calomnie, &,
de toutes ces calomnies, affemblées avec un art fi déte-
ftable, former de nouveau une opinion flétriffante contre
l'infortuné dont il a juré la perte. Rappellez-vous le mot
de ce Magiftrat prévaricateur, exécuteur & inftrument à

la

la fois des vengeances de l'implacable & trop célébre Cardinal de Richelieu. « Qu'on me donne, difoit le fameux » Laubardemont, deux lignes écrites avec l'intention la plus » pure, la moins criminelle; &, s'il en eft befoin, j'y trou- » verai de quoi perdre l'homme le plus innocent. ». Et en effet le monftre avec cet art funefte de dénaturer les cor- refpondances, précipitoit dans les flammes, & faifoit mon- ter fur les échaffauds tous ceux que fon inexorable maître lui ordonnoit de faire périr, avec les formes & l'appareil im- pofant de la Juftice.

Mais remarquez ici un délit bien plus grave; apprenez que le Mémoire du fieur de Beaumarchais a été fait de concert avec la dame Kornmann. Apprenez qu'après la publication de mon Mémoire, je n'ai rien négligé pour rappeller la dame Kornmann à elle - même (1), pour la

---

(1) Je dirai dans peu quelle a été ma conduite avec la dame Kornmann de- puis l'impreffion de mon Mémoire; je dois feulement rendre compte ici d'un fait qui prouve jufqu'à quel point, même encore aujourd'hui, je cherche à la ména- ger. On a trouvé extraordinaire, dans le Public, que le fieur Daudet, ayant été décréte de prife de corps, en conféquence des charges de ma Procédure, la dame Kornmann, auffi coupable que lui, n'ait été décrétée que d'*affigné pour être oüie*. Cette différence de Décret ne doit point être imputée à M. le Lieutenant-Cri- minel: c'eft moi qui, ayant appris qu'il devoit y avoir des Décrets femblables pour les deux accufés, ait fupplié ce Magiftrat de ne prononcer contre la dame Korn- mann que le Décret le plus doux, & c'eft à ma prière, en effet, que le Décret d'*affigné pour être oüi* a été prononcé. Voici ma Lettre à M. le Lieutenant- Criminel.

MONSIEUR,

Les circonftances où je me trouve exigent de ma part plus d'activité que jamais, pour la pourfuite de mon Accufation. Comme je me flatte que M. le Procureur du Roi vous a remis, ou vous remettra inceffamment fes Conclufions, je vous fupplie, Monfieur, de n'apporter aucun délai pour décréter l'Information.

Je laiffe à votre prudence, Monfieur, à donner à vos Décrets la nuance proportionnée à la qualité des délits & des délinquants; vous ne confondrez pas fans doute, dans le même Décret, une infortunée victime de la féduction, avec fon corrupteur; je réclame toute la rigueur de la Juftice contre l'un, & je vous demande grace & indulgence pour l'autre. Le décret le plus doux qui fera lancé contre madame Kornmann, fera celui qui me conviendra le mieux, ce fera une obligation de plus que je joindrai aux fentimens du profond refpect avec lequel j'ai l'honneur d'être,

M. &c.

*E

rendre à ſes enfans; què je n'ai exigé d'elle autre choſe, ſinon qu'elle renonçât publiquement à ſes liaiſons avec les hommes qui l'ont perdue; apprenez qu'encore unie avec le ſieur de Beaumarchais, tandis qu'elle négocioit avec moi, effrayée ſans doute par ſes menaces, redoutant peut-être les effets de ſon caractère auſſi vindicatif que perfide, car je n'oſe ſuppoſer d'autres motifs à ſa conduite, elle a fini par préférer, au plaiſir de revoir ſes enfans, le projet de s'aſſocier à la vengeance d'un homme qui ne s'occupe que de conſommer leur ruine, & ne médite contre ſon époux, que d'infâmes calomnies & de nouveaux attentats.

Jugez d'après un pareil trait, le ſieur de Beaumarchais, que vous êtes loin de connoître encore. La dame Kornmann ſçait bien que toute la correſpondance, dont il a eu l'audace d'abuſer, n'eſt pas relative aux faits auxquels il l'applique; il le ſçait également, l'impoſteur, & il n'ignore pas qu'il ne peut s'en prévaloir, ſans me mettre dans le cas, en me juſtifiant, de détruire l'intérêt que j'avois eſſayé d'inſpirer pour ma coupable épouſe; &, peu inquiet de l'opinion qu'il prépare contre cette femme imprudente, il lui ordonne de mentir; il lui preſcrit de calomnier l'époux malheureux qui vouloit la ſauver encore; & la voilà qui ment, qui calomnie avec lui, & moi, je ſuis forcé de recevoir des mains du monſtre le poignard avec lequel il me faut déchirer cette conſcience qu'il a corrompue.

Oh! le plus méchant de tous les hommes, puiſque tu aimes le crime & les ſuites affreuſes qu'il entraîne après lui, ah! jouis de ton ouvrage; viens, contemple les larmes de ſang que tu me fais verſer; vois d'un œil ſatisfait, ces enfans que je voulois rendre à leur mère; les entends-tu qui crient: *Oh ma mère! vous ne nous aimez plus:* non, je ne puis le croire, non, tu n'a pas arraché le remords du ſein de cette mère égarée; non, le cœur d'une mère eſt un ſanctuaire inviolable, dans lequel la Nature a dépoſé, pour le bonheur de l'eſpéce humaine, les affections les plus tendres, les plus douces paſſions. Ah! ſans doute, dans ta ſacrilége vengeance, tu as tenté de fouiller la pureté de ce fanctuaire; mais laiffes-moi ma dernière illufion; non, tu n'y es pas parvenu; un jour, la malheureufe reconnoîtra fes longues erreurs; un jour, elle te maudira dans fes fureurs impuiffantes; & parmi les regrets amers que lui arrachera le fouvenir des crimes que tu lui auras fais commettre;.......... regarde dans l'avenir, contemples cette femme folitaire & flétrie par la douleur;.......... quel eft cet Ecrit fur lequel repofent fes yeux fatigués de répandre des larmes? Oh regarde , regarde........, c'eft elle; & l'Ecrit, qu'elle tient dans fes mains, eft celui où, forcé de l'accufer par un concours de circonftances affreufes que tu avois affemblées pour ma ruine, j'effayois de lui préparer encore une deftinée paifible, de retablir entr'elle & fes enfans, les mutuelles affections qui devoient les unir. Eh bien! regarde; elle s'éteint maintenant, loin de fes enfans, dans la trifteffe & la honte. La tendreffe maternelle que tu n'as pu étouffer dans fon ame, ne s'y développe que pour la déchirer. La cruelle illufion dont tu l'avois environnée, s'eft diffipée fans retour......., elle s'éteint, & aucune larme ne fera verfée fur fon tombeau.

Malheureux! qu'as tu fait. Pleure!.......

Ah! fi tu pouvois pleurer! écoute. Je fçais ta vie toute entière; elle eft exécrable, ta vie........... Ambitieux de toute efpéce de fuccès, ne trouvant en toi-même, dans la confcience naturelle de tes forces, aucune reffource pour parvenir; mais audacieux, mais vain, mais indifférent fur les moyens qu'il te falloit employer, parce que tu ne connois pas la pitié & les fentimens profonds de juftice qu'elle enfante; intrigue, baffeffe, menfonges, calomnies, attentats, tour-à-tour, tu as mis tout en œuvre pour t'élever au dégré de réputation, de richeffe, de puiffance où tu es arrivé, & dont il faudra bien que tu defcendes. Oh! mets la main fur ton cœur; dis-moi fi, parmi tant de complots formés pour accroître ou maintenir ta fortune, pour te dérober à l'œil vigilant des Loix, pour t'environner, quelques inftans, d'une opinion favorable; dis-moi fi tu fus jamais tranquille; dis-moi fi cette douce paix qui n'abandonne pas l'homme de bien, même au fein des plus grandes infortunes, dis fi tu l'as connue un feul inftant, au milieu des jouiffances tumultueufes que tu n'as ceffé de pourfuivre; dévoile ici, pour la confolation de la Vertu & l'éternel effroi du Vice, dévoile ton ame toute entière; apprends au monde épouvanté ce qu'il t'en a coûté de fatigues, de peines, d'inquiétudes, d'amertumes fecrettes pour te foutenir dans l'affreufe carrière où tu marches depuis fi long-temps; comme moi, donnes une grande leçon aux hommes; j'en ai donné une de patience, de modération, de courage peut-être, donnes aux hommes un grande leçon de repentir.

Ah! fi tu pouvois pleurer!........ Le méchant qui pleure & qui expie dans la douleur, la vie même la plus criminelle, eft le fpectacle le plus touchant, le plus augufte que la Providence puiffe offrir aux Mortels. Il n'y a donc pas de crime qu'elle ne veuille pardonner; il exifte donc même dans l'ame la plus dépravée des reffources pour la Vertu; dans le dernier repli du cœur le plus corrompu, il y a donc toujours un remords qui agit en filence, & qui follicite ou prépare le repentir........ Oh! que tu ferois grand, fi maintenant tu pouvois devenir jufte! que peux tu méditer encore! veux tu commettre de nouveaux crimes! Hélas! que te reviendra-t-il de tous les efforts que tu fais pour me perdre? Tes efforts feront impuiffans; arrête, crois-moi, arrête bien plutôt le mouvement terrible auquel j'obéis; vas, je ne te hais point; la haine n'eft pas faite pour mon cœur; mais réfléchis donc, un inftant, fur tous les maux que tu caufes; mais fonge que, fi tu t'obftines à pourfuivre ton horrible carrière, déformais tu ne feras pas un pas qu'il ne te faille commettre un crime : tu auras befoin de calomnies pour foutenir tes premières calomnies; il te faudra corrompre pour te donner des complices; perfécuter pour étayer ton premier fyftème de perfécution; multiplier en public, en fecret tes victimes pour parvenir à en abbatre une feule qui t'échappera toujours;........ cette affreufe maffe de forfaits n'a-t-elle donc rien qui t'épouvante, & peux - tu ne pas préférer un retour fincère à la Vertu, à l'effrayante agitation à laquelle tu es maintenant condamné.

Signé, G. KORNMANN.

M^c ARMEY, Proc.

Nota. On fera paroître inceffamment quelques Obfervations fur le Mémoire que M. Le Noir a publié.

POST-SCRIPTUM.

LA PRÉCIPITATION *avec laquelle on a rédigé ce Mémoire, a fait négliger deux Obfervations importantes. En relifant les Dépofitions des Témoins qui ont été entendus dans l'Information contre la dame Kornmann,* 1º *je trouve que, dans la Dépofition du fieur de Beaumarchais, remplie d'ailleurs des calomnies les plus atroces & des plus groffiers menfonges, il n'eft pas dit un mot des Lettres qu'il produit aujourd'hui, & de ma prétendue complicité avec le fieur Daudet. Or le fieur de Beaumarchais auroit-il diffimulé, en dépofant un fait qui devoit être fans ceffe préfent à fa mémoire, & qui avoit fuffi feul, s'il faut l'en croire, pour déterminer toutes fes démarches en faveur de la dame Kornmann?* 2º *Je trouve dans les Dépofitions du douzième Témoin, quelques circonftances remarquables. La perfonne qui dépofe, déclare que la dame Kornmann, étant à Bâle, recevoit des Lettres que le fieur Daudet lui expédioit, pofte reftante, fous une adreffe étrangère; que, dans une des Lettres de la dame Kornmann au fieur Daudet, la Dame Kornmann ayant dit qu'elle craignoit que fon mari, retournant à Paris, n'ouvrît fon Secrétaire, & ne découvrît la Correfpondance fecrète qu'elle entretenoit avec le fieur Daudet, celui-ci avoit répondu qu'il alloit partir lui-même pour Paris, afin de retirer les Lettres; & qu'enfin, au moment du retour du fieur Kornmann à Bâle, la dame Kornmann avoit écrit au fieur Daudet, pour l'engager à difcontinuer fes vifites, attendu que fon furveillant* arrivoit. *Je le demande, après une pareille Dépofition & plu-fieurs autres qui viennent à l'appui, eft-il poffible d'imaginer cette complicité de féduction que le fieur de Beaumarchais s'eft efforcé de prouver pour rendre ma Caufe défavorable? Pourquoi toutes les craintes de la dame Kornmann & du fieur Daudet? Si j'étois d'accord avec le fieur Daudet, comment celui-ci em-ployoit-il tant de manœuvres pour diffimuler une Correfpondance à laquelle, dans le fyftéme du fieur de Beaumarchais, on ne fe livroit pas fans mon aveu?*

Au refte je préviens qu'il exifte dans l'Information à laquelle j'ai fait procéder contre mon époufe, des traces de fa Corref-pondance avec le jeune Etranger. En remettant cette Information à mon Défenfeur, j'en avois fupprimé tout ce qui regarde le jeune Etranger, ne penfant pas qu'il dût parler d'une première erreur, qui n'avoit eu aucune fuite, voulant diffimuler une faute que j'avois pardonnée, & ne devant regarder, comme le Sédu-cteur de mon époufe, que l'homme auquel il me faut imputer aujourd'hui tous les maux que j'ai foufferts. On m'a fait un crime de mon indulgence; il me femble que ceux-là feuls font coupables qui m'ont réduit à prouver que j'ai été trop in-dulgent.

Nota. Le fieur Kornmann a reçu plus de fix mille lettres, écrites par des perfonnes de tous états, qui lui ont démandé fon premier Mémoire. Parmi ces perfonnes, quelques-unes ont trouvé extraordinaire qu'il ne répondît pas. Dans les circonftances où il fe trouve, il voudroit bien fatisfaire tous ceux qui s'inté-reffent à fa Caufe; mais il fe flatte que, lorfqu'on aura réfléchi à fa pofition, on lui pardonnera fon filence.

De l'Imprimerie de LOTTIN, l'aîné, & LOTTIN de S.-Germain, Imprimeurs-Libraires Ordinaires de la VILLE, rue S.-André-des-Arcs. (N° 27) Juin 1787.